KB155860

분홍색
니트

김초이

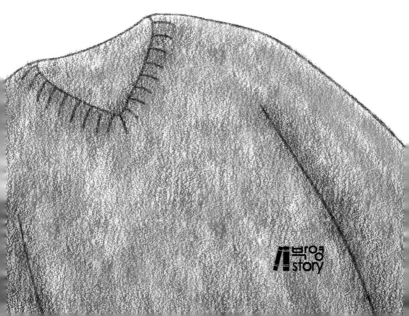

박영story

평범한 날들 속에서
특별한 시선으로 하루하루를 보내는
당신을 응원합니다.

프롤로그

그런 날이 있다.

무채색의 옷을 입고 싶은 그런 날.

화사한 색의 옷을 입으면 안 될 것 같은 그런 날.

옷장 속에 잘 개어진 옷들을 보며 생각하는 '오늘은 무슨 옷을 입을까?'는 '오늘 나의 기분은 어떤가?'를 대변하기도 한다. 은아도 그러하다.

은아는 내가 만났던 6학년 아이와 많이 닮아 있다. 물론 이름도, 모습도, 성격도 다르지만 어딘가 많이 닮은 구석이 있어, 글을 쓰는 내내 그 아이가 생각났다. 어쩌면 그 아이도 이 글을 읽으면 자신의 이야기라고 생각할지도 모른다.

초등학교 선생님으로 십수 년을 지내오면서 많은 아이를 만난다. 그리고 아이들은 모두 저마다의 이야기를 가지고 있다. 은아의 이야기, 서진이의 이야기, 그리고 또 다른 누군가의 이야기를 말이다. 행복하고 화사한 이야기이면 좋겠지만, 그렇지 않은 경우도 생각보다 많다. 아이들의 무채색 이야기. 이 이야기를 생각하다 나온 것이 『분홍색 니트』이다.

이 책의 주인공인 은아는 평범한 아이이다. 교실에 한 명씩은 꼭 있을 법한 아이. 그리고 자신만의 이야기를 가지고 있는 아이 말이다. 이 책은 은아가 6학년이 된 첫날부터 몇 달간 있었던 이야기를 은아의 시선과 선생님의 시선으로 풀어냈다. 같은 사건이어도 보는 사람마다 시선이 다르다. 시선에 따라 느껴지는 감정의 색깔도 다르다.

이 이야기를 읽는 분들의 마음은 어떤 색으로 변할지 궁금해진다.

목 차

은아의 시선

6

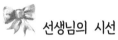

선생님의 시선

은아의 시선

#1 괜한 기대

오늘은 새 학기 첫날이다. 오늘부터 난 6학년이 된다.

오늘도 어김없이 엄마는 출근하고 없다. 평소 같으면 그냥 말없이 준비하고 학교를 갔을 테지만 오늘은 새 학기 첫날인데 너무하다.

엄마한테 전화를 걸었다.

"어, 우리 딸! 엄마가 아침에 회의가 있어서 빨리 나왔어. 무슨 일이야?"

"무슨 일? 엄마가 딸한테 전화할 때 꼭 무슨 일이 있어야 해?"

짧은 침묵이 흘렀다. 오늘은 상냥한 딸은 없다.

"엄마, 나 오늘 6학년 첫날인 거 몰라?"

"알지. 엄마가 미안해. 엄마가 새 옷 꺼내 놓은 거 봤어?"

봤다. 엄마가 학교 갈 때 입으라고 사 온 새 옷. 깜찍하게
도 분홍분홍하다. 아, 나 6학년이라니까.

심지어 저 옷도 아직도 택배 비닐 안에 싸여 있다. 그래도
사이즈 확인은 한 모양이다. 옆 귀퉁이가 뜯어져 있기는 하다.

"다음부터는 분홍색 사지 마. 이게 뭐야, 애도 아니고."
"입으면 잘 어울릴 거야. 엄마 지금 회의 들어가야 해."

나왔다. 엄마의 필살기.

"오늘 첫날이니까 잘하고 와. 선생님, 친구들 어떤지 꼭 엄
마한테 말해줘."

뚝.
엄마 목소리가 사라졌다.

난 엄마랑 둘이 산다.
아빠는 내가 어렸을 때 엄마랑 이혼했다고 한다. 어렸을
때는 아빠랑도 주말에 가끔 만났던 것 같은데, 아빠가 나에
게 어떤 아줌마를 새엄마라고 소개한 이후로는 연락하고 싶

은 마음이 조금도 없다.

우리 엄마는 예쁘다. 매일 같이 고데기로 머리를 말고, 정장을 입고 다닌다. 꽤 높은 직급이라는데 그건 난 관심이 없다. 아침에 엄청 일찍 출근하고, 밤에 늦게 온다. 온종일 얼굴을 못 볼 때도 많다.

어제도 난 너무 걱정됐다. 새 학기는 항상 나를 걱정되게 만든다. 작년에 그일 이후로 말이다. 엄마가 안아주면서 올 한 해는 잘될 거라고 이야기하고 잤으면 좋겠다는 생각에 어제 새벽까지 엄마를 기다렸다.

띡띡.

현관문에서 비밀번호를 누르는 소리가 났다. 다행인지 엄마는 12시쯤에 집에 왔다. 엄마는 세상 조용한 소리로 엄마 방으로 곧장 들어갔다. 내 방에 일부러 문도 살짝 열어뒀는데, 난 보지도 않고 말이다.

아, 괜히 기다렸다. 내가 기대할 걸 기대했어야지.

#2 분홍색 니트

난 아침형 인간이라 아침에 늦게 일어나는 법이 없다.

사실 이건 엄마 때문에 생긴 습관이다. 엄마가 출근하기 전 엄마랑 놀고 싶어서 새벽부터 일어나던 습관이 몸에 배어 버렸다.

"우리 딸, 왜 이렇게 일찍 일어났어?"

"엄마, 엄마랑 놀고 싶어서. 우리 어제도 못 놀았잖아."

꽤 어렸을 때는 이렇게 말하면 엄마가 꼭 안아주셨다. 엄마랑 같이 화장 놀이도 하고, 엄마가 차려준 아침밥도 같이 먹을 때도 많았다. 먼저 출근해야 할 때면 엄청 미안해하시며 나를 꼭 안아주고 가셨다. 지금 생각해 보면 돌아서서 눈물도 찔끔씩 흘리셨던 것 같기도 하고.

하지만 지금은 아니다. 내가 아무리 일찍 일어나도 집은

고요하다. 이미 엄마는 없다. 넓지도 않은 집에 나 혼자다. 내 눈이 깜빡이는 소리까지 들릴 정도다.

식탁에 빵이 몇 개가 있다. 내가 좋아하는 것들로 가득하다. 뭘 먹을까 고민하다가 딱 한 개 집어 든다. 이제 나도 관리해야지.

오늘은 6학년 첫날이라 뭐든 고민이다. 무슨 옷을 입지? 애들을 만나면 내가 먼저 인사해야 하나? 뭐라고 인사하지? 머릿속에 수많은 생각들이 스쳐 지나가다가 자기들끼리 엉켜 버렸다. 내가 청바지한테 인사하고 있다. 혼자 피식 웃었다.

무슨 옷을 입을까 고민하다가 엄마가 꺼내 놓았다는 분홍색 옷을 집어 들었다.

분홍색 니트.

가만히 보면 예쁘다. 입어 본다. 꼭 맞는다.

우리 엄마는 멋쟁이라서 옷을 잘 입는다. 집에서는 영락없이 아줌마인데 밖에서 볼 때면 같은 사람이 맞나 싶을 정도로 예쁘게 잘 꾸며 입는다. 아마 친구들 엄마 중에서는 우리 엄마가 제일 젊어 보일 것 같다.

아니지.

오늘은 엄마랑 사이가 안 좋은 날이다.

다시 분홍색 니트를 벗고 까만 맨투맨 티셔츠를 입었다. 최대한 아이들 눈에 안 띄게.

그렇게 난 그림자처럼 집을 나섰다.

#3 최O진

4층까지 올라가는 발걸음이 너무 무겁다. 계단마다 찍찍이가 붙어있는 것 같다.

교실 앞에 도착했다. 교실 앞에는 올해 우리 반 아이들의 이름이 적혀있다.

찾았다. 내 이름.

"어?"

나도 모르게 소리가 밖으로 새어 나왔다. 가운데 글자가 동그라미로 가려져 있지만 난 알 수 있다. 올해 그 아이랑 같은 반이다.

최서진.

얘랑만은 같은 반이 안 되길 그렇게 빌었는데, 하늘도 무심하시지. 다시 집으로 돌아갈까 잠깐 생각했지만 난 첫날부터 학교를 빠질 만큼 간이 크지 않다.

　교실에 책상이 시험 대형으로 놓여 있다. 코로나19가 끝났지만, 코로나19가 나에게 남겨준 가장 좋은 선물은 시험 대형으로 앉는 것이다. 내가 혼자 앉아 있어도 아무도 뭐라 하지 않고, 혼자 있는 것이 티 나지 않으니까.

　내 자리는 교실 가장 끝의 줄에 세 번째 자리이다. 자리는 아주 마음에 든다. 제발 첫날이라고 자리 바꾸지 않길.

　그 아이는 아직 오지 않았다. 다시 가서 우리 반 아이들 이름을 보고 싶지만 꾹 참았다. 다시 본들 뭐가 달라지나. 어차피 서진이밖에 눈에 들어오지 않을 텐데.

　서진이는 작년에 나랑 같은 반이었다. 정확히 말하자면 가장 친했던 아이였다. 내가 막 밝은 성격은 아니지만 내 이야기를 잘 들어주고 나를 잘 위해주는 서진이가 나는 좋았다.

　정확히 그 사건 전까지 말이다.

　작년. 우리 선생님은 항상 뭔가에 쫓기듯이 바빴다. 수업 시간에 수업은 재미있게 해주셨지만, 미술 시간 같은 경우에는 우리에게 과제를 주고 타닥타닥 컴퓨터로 소음을 만드는데 집중하실 때도 있었다.

　그날도 그랬다.

우리는 신나게 모자이크를 하고 있었다. 나랑 서진이는 책상을 붙여 놓고 이야기를 나누며 종이를 하나씩 붙이고 있었다. 정말 하기 싫은 단순노동이었지만 서진이랑 함께 하니 시간 가는 줄 몰랐다.

서진이가 갑자기 교실 TV를 응시했다. 나는 신경도 쓰지 않았다. 나는 오로지 내 작품 만드는 것에 집중했다. 작품이라고 부르기엔 조금 민망하지만.

"선생님, 저거 화면에 보이면 안 되는 거 아니에요?"

선생님이 엄청 놀라시며 한글 문서 파일을 닫았다. 너무 놀라 버벅거려 내가 화면을 볼 시간이 있었다.

믿을 수 없었다. 선생님은 우리의 개인정보가 가득 담긴, 부모님 이름, 연락처, 주소 등등이 적힌 파일을 화면에 띄워 놓고 계셨고, 내 이름 옆에는 아빠 칸이 비어 있었다. 다른 아이들과는 다르게.

#4 빈칸

세상이 잠깐 멈춘 것 같았다. TV 화면 속의 빈칸이 점점 커지더니 나를 억누르는 것 같았다. 가슴이 답답하고 울고 싶었다. 그런데 그게 다였다.

다른 아이들은 아무렇지 않게 하던 걸 계속했다. 나를 제외한 모두가 그랬다. 다들 보지 못했나? 그렇다면 다행인데. 아니야, 서진이는 봤을 거야.

집에 가는 길에 서진이가 조심스럽게 물어봤다.

"있잖아. 아까 선생님 컴퓨터 화면에서 봐서 물어보는 건데……. 혹시 너 아빠 안 계셔?"

몸쪽으로 꽉 찬 돌직구가 정확히 내 가슴에 명중했다.

"어?"

최대한 침착하고 당황하지 않은 척. 이게 지금 내가 할 수 있는 최선이다.

"아까 봤어. 대답하기 힘들면 안 해도 돼."

역시 서진이는 내 친구구나. 서진이의 말에 갑자기 눈물이 차올랐다. 그런데 주책맞게 눈물보다 말이 먼저 튀어나왔다.

"응. 우리 엄마, 아빠 이혼하셨어. 엄마랑 둘이 살아."

어떡해! 말해버렸다. 그것도 아무렇지 않게 말이다. 내가 어떻게 6년 동안 간직하고 있던 비밀인데 이걸 아무렇지 않게 집에 가는 길에 걸어가면서 말해버렸다.

"아, 그렇구나."

서진이도 아무렇지 않게 대답했다. 내가 예상했던 반응은 아니었지만 그래서 더 다행이다. 나의 가장 큰 비밀을 말했는데 세상이 아무것도 변하지 않았다.

집으로 돌아와서 침대에 누웠다. 온몸에 힘이 쭉 빠지는 느낌이었다. 아까 선생님이 실수로 틀어놓았다던 그 화면이 다시 떠올랐다. 그 작은 하얀 빈칸이 점점 더 커지며 다시 한번 나를 누르는 것 같았다.

그때였다.

윙~

내 숨소리만 가득했던 내 방에서 진동 소리가 들렸다. 서진이었다.

「은아야. 우리 엄마가 이제 앞으로 너랑 놀지 말라고 하셔. 미안해.」

응? 순간 내 눈을 의심했다. 이게 뜬금없이 무슨 말이지. 내가 뭐 잘못했나?

「오늘 있었던 일 엄마한테 이야기했거든.」

오늘 있었던 일? 나는 오늘 서진이와 전혀 싸우지도 않았다. 잘못한 일도 없다. 생각이 여기까지 미쳤을 때 나를 누르고 있던 빈칸이 떠올랐다.

「혹시 내가 엄마랑만 살아서 그런 거야?」

손에서 휴대폰이 떨어지는 법이 없는 서진이인데 답장이 늦다. 내 말이 맞았나 보다.

답장을 기다리는 시간이 천 년처럼 느껴졌다. 아니 만 년.

「ㅇㅇ」

저 이응 두 개가 꼭 서진이의 눈처럼 느껴졌다.

#5 올해는 뭔가 좋은 일이 생길 것 같다

이것저것 사물함에 물건들을 넣으며 눈과 귀는 온통 신경이 문 쪽으로 쏠려 있다. 친구들이 들어올 때마다 어색하게 인사도 했다. 이게 내가 지금 할 수 있는 최선이고, 난 지금 엄청난 노력 중이다.

"어머, 일찍 왔네. 이름이 뭐니?"

순간 너무 놀라서 기절할 뻔했다. 엄마인 줄 알았다.

키도, 옷차림도, 눈, 코, 입도 다른데 뭔가 분위기가 엄마랑 비슷하다. 엄마의 잃어버린 동생이라고 해도 철석같이 믿을 판이다.

"이은아요."

"은아야, 반가워."

선생님이 환하게 웃어주셨다. 뭔가 마음이 놓였다. 올해 선생님은 잘 만난 것 같다. 적어도 작년 그 일이 되풀이되지는 않을 것 같다는 생각이 들었다. 내가 이렇게 된 것도 선생님 때문이라는 생각에, 난 선생님을 엄청나게 미워했었다. 그리고 이런 상황을 만든 엄마, 아빠도 원망했다. 처음에는 작았던 까만 원망들이 점점 커져 이제는 내 마음에 가득 차버렸다. 나는 그렇게 그림자가 되어버렸다.

선생님에 대한 기대감과 안도감으로 마음이 몽글몽글해지려던 찰나에, 서진이가 들어왔다.

"안녕?"

서진이는 그날 이후로 나에게 먼저 인사하는 법이 없었다. 내가 인사해도 눈빛만 보낼 뿐 절대 나에게 먼저 인사하지 않았다. 그런 서진이가, 나에게 먼저 인사했다. 먼저.

"어? 아, 안녕?"

뭐지? 예상에 없던 시나리오인데? 서진이가 콘셉트를 바꿨나? 사실 그토록 기다리던 순간인데 반갑다기보다는 어안이 벙벙했다.

서진이는 먼저 온 친구들과 인사를 나누기에 바빴다. 그중에 나는 없었지만 그래도 적어도 내 얘기를 하고 있지는 않을 것 같다는 생각이 들었다. 토끼같이 귀를 쫑긋 세우고는 있지만 별다른 수확은 없었다.

자리에 앉아서 이것저것 생각하느라 정신이 없다. 올해는 과연 어떻게 될 것인가. 나는 서진이랑 잘 지낼 수 있을까?

다른 친구들과도 잘 지낼 수 있겠지? 선생님은?

바로 그때.

"은아야, 잘 지냈어?"

서진이다.

"어? 어."

"우리 작년에는 친했었는데, 올해 같은 반 되니까 좋다."

뭐지? 얘 알츠하이머에 걸렸나? 자기가 매몰차게 나를 버려버렸던 그 카톡이 아직도 생생한데, 이게 무슨 말도 안 되는 소리인가?

"작년에는 내가 미안한 일도 있었고……. 올해는 내가 잘 해줄게. 친하게 지내자."

꿈인가 싶어 손등을 꼬집어보았다. 분명 아프다. 그렇다면 꿈은 아니라는 이야기인데. 얘, 알츠하이머가 틀림없다. 그게 아니라면 얘는 최서진이 아니라 다른 애인 게 분명하다. 하지만 서진이의 말에 내 마음에 있던 까만 원망들이 조금씩 사라지는 느낌이 들었다.

올해는 뭔가, 좋은 일이 생길 것 같다.

#6 그림자는 안녕

집에 돌아왔다. 침대에 누워 천장을 올려다보았다. 공허함이 밀려왔다. 내가 작년에 얼마나 맘고생을 했는지 서진이는 모른다. 친한 친구가, 그것도 내가 정하지 못하는 내 상황 때문에 멀어져간다는 것을 오롯이 느끼는 그 슬픔은 말로 표현할 수 없었다. 그런데 그 슬픔이 사라졌다. 또 내가 미처 준비하기도 전에 말이다.

서진이도 나랑 다시 친해지고 싶었겠지? 근데 표현이 서툴러서 아마 그동안 말을 못 하고 있다가, 새 학기 시작이니 콘셉트를 바꿔서 다시 친해지고 싶었던 게 틀림없어. 그래. 표현이 서툰 거지 마음이 서툰 건 아니니까.

띡띡띡띡 또로롱.

현관문 비밀번호 누르는 소리에 깼다. 잠이 들었었나 보다.

"우리 딸, 오늘 하루 어땠어?"

엄마는 평소보다 훨씬 빨리 집에 들어왔다. 그리고 오자마자 나를 찾았다. 새 학기 첫날, 거기다가 오늘 아침 나의 그림자 같은 목소리 때문에 엄마도 온종일 신경이 많이 쓰이셨겠지. 평소 같았으면 나도 방에서 짧게 대답만 했을 텐데, 마음이 몽글몽글해져서 그런지 엄마랑 이야기하려고 벌떡 일어났다.

앗!
엄마가 내 새 옷이랑 똑같은 분홍색 니트를 입고 있었다. 커플룩? 시밀러룩? 패밀리룩? 그게 하고 싶으셨던 모양이다. 다행히 엄마는 나의 까만 맨투맨 티셔츠에 크게 관심을 안 가진 듯했다.

"엄마, 우리 오늘 외식하자."
나의 이 말 한마디에 엄마는 뛸 듯이 소녀처럼 기뻐하셨다. 이 말은 '엄마, 나 기분이 좋아요.', '엄마, 나 할 말이 많아요.'를 내포하고 있기 때문이다. 외출 준비를 하기 위해 분홍색 니트를 꺼내입었다. 6학년이 되었어도 예쁜 엄마랑 같은 옷을 입으면 기분이 좋다.
식당에서 조잘조잘 이야기를 나눴다. 아침의 그 그림자는 없다. 엄마를 닮은 선생님 이야기, 한 달 동안 앉게 될 나의 새 자리, 그리고 서진이랑 같은 반이 된 이야기까지. 식당에서 이야기가 다 끝나지 않아서 카페로 자리도 옮겼다.

엄마랑 집에 돌아오는 길, 엄마가 내 손을 잡고 말씀하셨다.
"우리 딸은 분홍색이 참 잘 어울리네."

내일은 이 옷 입고 학교 가야지. 이제 그림자는 안녕이다.

#7 선생님과 엄마, 엄마와 선생님

"은아야, 얼굴이 안 좋아 보이는데, 괜찮니?"

어젯밤에도 한숨도 못 잤다. 우리 오빠들이 컴백한 이후로는 하루에 4시간도 안 자며 휴대폰으로 영상 보고, 팬카페 들어가고, 내가 생각해도 지극정성이다. '우리 오빠들은 4시간도 못 잘 텐데.'라고 생각하며 오빠들의 마음을 이해하는 삶을 사는 중이다. 우리 오빠들 진짜 고생이 많다. 나의 인생에 이렇게 깊이 들어와서 사느라 피곤하겠다.

엄마는 내가 이러는 줄 꿈에도 모르실 거다. 원래 일 말고는 관심이 없기도 하고. 내가 누구를 좋아하는지, 내 삶의 낙이 무엇인지는 더더욱 관심도 없다. 내 컨디션도 엄마는 크게 신경 쓰지 않을 거다. 뭐, 매일 얼굴이나 봐야 말이지. 선생님은 단박에 알아보는데, 차라리 선생님이 엄마였으면.

우리 선생님은 진짜 친절하다. 말투도 우리 학교에서 최고로 상냥한 것 같다. 나도 이제 열세 살이나 되어서 사람 좀 보는 눈이 생긴 것 같다. 내가 고민이 있으면 털어놓을 수 있는 사람은 1위는 서진이, 2위는 선생님이다.

엄마가 아닌 건 확실하다.

어제 받은 개인정보 동의서를 내야 한다. 가방을 뒤졌다. 가방에는 까만 공기만 가득하다.

어제 퇴근하면 사인해 놓으라고 식탁 위에 꺼내 놓았던 기억은 난다. 그렇다. 엄마는 어제도 늦었고, 엄마가 사인했는지 안 했는지는 모르겠지만 난 그 종이를 챙기지 않았다. 학교에 오자마자 개인정보 동의서를 내는 애들이 부러웠다. 평소 야무지고 숙제 한번 미루는 법이 없는 나인데 이런 실수를 하다니. 내가, 아니 엄마가 원망스러웠다.

"엄마, 내일 내도……. 헙!"

내 입을 틀어막았다! 천하에 이은아가 이런 실수를 하다니! 엄마에 대한 원망으로 가득하여서 그런지 선생님께 엄마라고 불러버렸다. 선생님이 엄마랑 닮은 거는 맞지만 성격은 하늘과 땅 차이인데, 세상에 헷갈릴 걸 헷갈려버려야지!

"내일 내도 괜찮아. 갑자기 딸이 생기니까 기분 좋은데?"

선생님이 싱그럽게 웃어주셨지만 한번 빨개진 얼굴이 돌

아오질 않는다. 당장 교실 밖으로 달려 나가고 싶을 정도로 부끄러웠지만 오히려 더 티가 날까 봐 최대한 무덤덤한 빨간 얼굴로 침착하게 행동했다. 서진이가 키득거렸다. 쟤는 어쩜 이런 건 잘 들을까.

#8 STORM AND STRESS

6학년에 올라와서 다시 서진이랑 친해져서 나는 요즘 행복한 하루하루를 보내고 있다. 마음속에 있던 큰 그림자가 빠져나가고, 몽글몽글한 분홍색 구름이 가득한 기분이다. 그러다가 갑자기 마음속 구름이 검은색으로 변할 때도 있기는 하다. 이게 사춘기인가? 인터넷에 사춘기를 검색해 봤다.

[사춘기] 신체가 성장함에 따라 성적 기능이 활발해지고 2차 성징이 나타나며 생식 기능이 완성되기 시작하는 시기

음, 난 아직 이건 아닌 거 같다. 스크롤을 좀 더 내려본다.

그랜빌 스탠리 홀이라는 사람이 사춘기를 질풍노도(storm and stress)의 시기라고 말했다. 바로 이거다. 마음속에 훅 꽂혔다. 바로 카톡 프로필 등록.

STORM AND STRESS

적당히 내 마음을 표현하면서, 영어 표현이라 좀 있어 보이기도 하고. 애들은 저게 사춘기를 의미하는지도 모르겠지. 프로필로 딱이다. 사진은 인터넷에서 퍼온 구름 사진으로 넣어놓고 나의 마음 상태를 비유적으로 표현했다.

"은아야, 오늘 마치고 우리 집 가서 놀자. 시간 돼?"

당연히 된다. 어차피 난 집에 가면 혼자 있으니까. 서진이랑은 6학년 올라와서도 종종 놀았다. 5학년 때는 서진이 엄마가 못 놀러 오게 했다고 해서 서진이 집에는 못 갔었는데 올해는 다르다. 서진이 엄마도 집에 안 계신다. 그래서 우리 세상이다.

하지만 오늘은 조금 이상하다. 서진이의 말투에서 작은 태풍이 느껴졌다. 물론 크게 티를 내지는 않았지만 나는 느낄 수 있다. 예전의 밝기만 했던 서진이가 아닌 것은 확실히 느껴졌다.

"좋지, 우리 맛있는 거 먹고 가자."
"응."

이거 봐. 평소 같았으면 떡볶이, 마라탕, 탕후루……. 먹을 것을 줄줄 읊어댔을 서진이인데 짧게 대답하는 걸 보면 애 오늘 뭐 있다.

서진이도 사춘기인 걸까?

#9 서진이의 STORM

    오랜만에 간 것도 아니었는데 서진이의 집이 조금 바뀌어 있었다. 서진이 방은 그대로인데 뭔가 횅한 느낌이 들었다. 폭풍우가 서진이 집도 휩쓸고 간 모양이다.

    서진이의 엄마, 아빠는 엄청 부자다. 갖고 싶다고 말하면 모두 다 사주신다고 했다. 아이폰도 얘가 제일 먼저 샀다. 내 기억이 맞으면 1학년 때부터인가? 암튼 휴대폰이 자기 손보다 클 때부터 아이폰을 들고 다녔다. 나도 서진이 따라서 아이폰 사달라고 엄마한테 졸랐다가 엄마가 그다음 날부터 쭉 야근하는 걸 보고 아이폰 이야기는 쏙 들어갔다.

    서진이 엄마는 집에서 롱드레스를 입고 항상 우아하게 외국 과자를 우리에게 주셨다. 우리 엄마와는 달랐다. 꼭 드라마에 나오는 사모님 같은 모습이었다. 그 아줌마가 서진이한테 나랑 놀지 말라고 했다. 내가 세상에서 제일 미워했던 사모님이다. 하지만 지금은 아줌마도 다 용서했다. 서진이와 다시 친해졌으니 화낼 이유가 없어졌다. 아, 나 좀 많이 컸다.

"어디서부터 말해야 할지 모르겠어."

평소에 말 잘하기로는 6학년 중에서 1등이라고 생각했는데, 서진이가 이야기를 시작도 못 한다. 사연이 많아 보였다. 그리고 슬퍼 보였다. 나는 말없이 서진이의 손을 잡아주었다. 사실 속마음은 궁금해 죽겠다.

"나……. 이사 가."

안돼. 서진이를 다시 못 본다고? 그것도 이렇게 갑자기? 너무 놀라 뒤로 날아갈 뻔했다.

"어디로? 언제? 왜? 그럼 이제 우리 못 봐?"

마음은 티 내지 말라고 소리치는데 방정맞은 입이 먼저 나불거린다. 서진이가 저렇게 힘들게 이야기를 꺼냈는데 나의 따발총 같은 질문에 신나서 답을 해줄 리가 없다. 근데도 입이 먼저 따다다다 소리를 낸다.

"아……. 전학을 가지는 않아. 그냥 요 옆에 빌라로 갈 거야."

응? 솔직히 이해가 안 갔다. 내가 이해가 가지 않은 부분은 두 부분이다. 첫 번째는 왜 말짱한 집을 놔두고 그것도 바로 옆의 빌라로 이사 가지? 그리고 두 번째는 전학도 안 가는데 이게 이렇게 뜸 들이고 슬프게 말할 일인가? 여기까지 생각했을 때 갑자기 세 번째 이유도 생겨버렸다. 서진이가 울고 있다!

"서진아……. 무슨 일 있어?"

#10 생각보다는 견딜 만해

"아빠가 집을 나가셨어."

조금 잠잠해진 서진이는 말을 이어 나갔다. 서진이는 세상에서 가장 슬픈 비련의 여주인공이 되어 '나는 세상에서 가장 불우한 아이' 스킬을 쓰고 있었다.

서진이의 말에 의하면, 며칠 전 아빠가 집을 나가셨고, 서진이 엄마는 서진이에게 엄마랑 아빠가 이혼하게 될 것 같으니 누구랑 같이 살고 싶은지 물으셨다고 한다. 서진이는 엄마라고 대답했고, 서진이 엄마는 그 후로 급하게 일을 시작해서 요즘 정신없이 바쁘시다고 한다. 집이 휑해 보였던 건 아빠의 물건이 빠진 것도 있지만, 집에서 아빠가 빠져나갔기 때문일 거다.

말없이 서진이를 안아주었다. 사실 무슨 말을 해야 할지 모르겠다.

우리 엄마, 아빠가 이혼했다고, 나는 아빠 없이 엄마랑만 산다고, 나랑 놀지 못하게 했던 게 바로 서진이 엄마다. 그 일 때문에 난 한순간에 친구를 잃었고 5학년을 칠흑같이 어두운 그림자가 되어 살았다.

그런 서진이가, 나랑 똑같은 상황이 되었다. 서진이는 내 상황을 기억하고 있기는 한 걸까?

나도 한없이 엄마, 아빠를 원망해 보기도 했고, 한없이 나 자신을 자책하기도 했다. 하지만 그런다고 달라지는 건 없다. 나만 더 우울해지고 슬퍼질 뿐이다.

"생각보다는 견딜 만해."

딱 아홉 글자만 말하고 아무 말도 하지 않았다. 서진이도 나한테 안겨서 울다가 지쳤는지 이제는 그냥 잠잠했다. 사실 나보다 얘가 더 안 된 것 같다. 나는 우리 엄마, 아빠가 헤어지는 그 순간이 기억나지 않는다. 너무 어려서 그랬는지, 내가 애써 기억에서 박박 지워버렸는지 그건 모르겠다. 하지만 서진이는 다르다. 가만히 놔둬도 질풍노도라는 이 시기에, 서진이가 감당하지 못할 큰 폭풍이 밀려왔다.

집에 돌아와서 별생각이 다 들었다.

과연 나는 생각보다 견딜 만한 건가. 사실 지금은 나는 아빠의 빈자리가 전혀 느껴지지 않는다. 조금 더 정확히 말하면 나는 어차피 세상은 큰 들판에 혼자 서있는 거라고 생각했다. 혼자 살아가는 법을 익히는 연습을 하는 거다. 남들보다 조금 더 일찍.

혼자 들판에 서 있는 작은 아이를 그렸다. 들판이 너무 커서 아이는 잘 보이지도 않는다. 아이보다 훨씬 큰 글씨가 들판에 새겨져 있다.

"생각보다는 견딜 만해."

띡띡띡띡. 엄마가 들어오는 소리다. 마침 엄마가 보고 싶었는데.

#11 무거운 식탁

엄마는 평소보다 조금 일찍 들어왔다. 하지만 여전히 일은 많았던 모양이다. 엄마의 양쪽 어깨가 무겁다. 내 주변에는 다 어깨가 무거운 사람들만 있나 보다. 내 어깨도 마찬가지다.

난 작년 내내 엄마에게 서진이 이야기를 단 한 번도 한 적이 없다. 정확히 말하자면 서진이와 사이가 좋을 때는 몇 번 이야기하기는 했지만, 서진이와 절교했던 그날 이후로 왜 절교했는지조차 이야기한 적이 없다. 하지만 오늘은 왠지 서진이 이야기가 하고 싶었다.

딱. 딱.

젓가락 내려놓는 소리만 들리는 조용한 식탁. 내가 적막을 깼다.

"엄마, 오늘 서진이랑 놀았는데, 서진이 엄마, 아빠도 이혼

할 것 같다고 했어."

젓가락 내려놓는 소리마저 사라졌다. 고요했다.

"서진이가 오늘 많이 울었어."

이것저것 물어볼 줄 알았던 엄마도 아무 말이 없었다. 뭐지? 엄마는 내 얘기에 다 대답도 해주고, 질문도 해주는 사람이었는데 오늘은 주제가 틀렸나 보다. 여기서 멈췄어야 했는데, 이놈의 입이 민망함을 참지 못하고 혼자 나불댔다.

"사실 5학년 때, 서진이랑 절교했었거든. 서진이 엄마가 나랑 놀지 말라고 해서."

"뭐?"

엄마의 반응이 심상치 않다. 엄마가 눈을 그렇게 세모 모양으로 뜬 걸 처음 봤다. 잘못 이야기했나 보다. 내 입을 멈추고 싶다.

"그게 무슨 말이야?"

"어, 그게."

"서진이 엄마가 왜 너랑 놀지 말라고 했어?"

엄마의 반응에 놀라서인지, 아까 서진이 때문에 나도 감정이 소용돌이쳐서인지, 아니면 생각보다 견딜 만하지 않은 건지, 이유는 모르겠지만 갑자기 눈물이 뚝 떨어졌다.

"왜 울어? 서진이 엄마가 왜 너랑 놀지 말라고 했냐고!"

엄마의 목소리가 높아지니 내 눈물이 더 빠르게 차올랐다.

"엄마가 이혼했다고……."

간신히 말했다.

정적.
식탁에는 젓가락 소리도,
엄마의 화가 난 목소리도,
내 눈물 떨어지는 소리도 들리지 않았다.
숨소리조차 들리지 않았다.

#12 생각으로 가득 찬 밤

방에 들어가 혼자 누웠다. 별의별 생각들로 머릿속은 가득 차 버렸다.

엄마, 아빠랑 같이 놀러 갔던 일, 엄마가 아빠랑 헤어질 거라고 했던 일, 아빠가 나간 텅 빈 우리 집, 아빠의 새 여자 친구, 늘 바쁜 엄마, 그리고 선생님의 화면 속 큰 빈칸.

또다시 그 빈칸이 나를 억누르기 시작했다.

엄마가 너무했다. 적어도 나한테 힘들었겠다는 위로의 말은 해야 하는 거 아닌가? 물론 엄마도 힘들겠지. 힘들었겠지. 하지만 친한 친구랑 엄마 때문에 절교했었다는데, 말 한마디 없이 저렇게 있는 건 너무했다.

나는 서진이가 내 앞에서 힘들다고 울었을 때 말없이 안아 주었다. 내가 바라는 건 딱 그 정도다. 무슨 말도 사실 필요하지 않고 들리지도 않았을 것이다. 평소처럼 '우리 딸 많이 힘들었지?' 하면서 안아주면 되는 것을, 자주 하던 그것을 엄마는 하지 않았다.

아니지. 엄마도 많이 힘들었을 것이다. 엄마 때문에 하나밖에 없는 딸이 친구랑 절교했다는 사실에 죄책감도 느꼈겠지.

"이제 우리 둘이 의지하고 살아야 해."

아주 어렸을 때 엄마가 내 손을 잡고 말했던 게 생각이 났다. 잊고 있었던 기억인데. 그날 나는 내가 제일 좋아하는 원피스를 입고 있었고, 엄마한테 예쁜 토끼 인형도 선물 받았다. 그리고 그날부터 나는 엄마랑 둘이 살았다. 그렇게 우리 엄마, 아빠는 이혼했다.

또로롱.

문 열리는 소리가 났다. 엄마가 나간 모양이다.

원래 조용하던 집이 더 조용해졌다.

뜬눈으로 밤을 지새운다는 것이 이런 거구나. 누워있기는 하지만 잠이 오지 않았다. 아무도 없는 텅 빈 집이 수많은 생각들로 가득 차 버렸다. 생각들이 꼬리에 꼬리를 물고 이어졌다. 자기들끼리 좁다고 아우성친다. 이 생각들을 끊을 수 있는 건 엄마밖에 없는데, 엄마는 집에 들어오지 않았다. 엄마가 이토록 한없이 미웠던 적은 오늘이 처음이다.

알람이 울렸다. 일어날 시간이란다. 이미 난 어제부터 일어나있었다. 근데 아침이란다.

오늘은 5월 8일 어버이날이다.

#13 학교 엄마

"오늘이 무슨 날이지요?"

"어버이날이요."

"오늘은 우리를 13년 동안 예쁘고 멋지게 키워주신 부모님들께 감사 편지를 쓸 겁니다. 사랑으로 여러분을 이렇게 ……."

하필 오늘이다. 어버이날.

선생님의 이야기가 더는 들리지 않았다. 그냥 맘에 없는 얘기 써놓고 드리지 않으면 되는데 오늘은 손이 그마저도 허락하지 않는다. 다른 친구들은 사각사각 소리를 내며 편지를 써 내려간다.

어제 우리 엄마는 나에게 불같이 화를 냈다. 그리고 집을 나갔다. 내가 학교에 갔으니 지금은 집에 들어왔을지, 아니면 바로 출근했을지 알 길이 없다. 아침은 드셨으려나? 아침

먹고 꼭 드시는 약이 있던데 그것도 오늘 안 드셨으려나. 뭐 어쨌든 지금은 엄마 걱정할 때가 아니다. 당장 편지를 써야 하는 데 쓰고 싶은 마음이 1도 없다.

홀쩍홀쩍.
서진이가 코를 홀쩍거린다. 서진이는 울만 하다. 인정.

"은아야, 왜 아직 시작을 못 했니?"
선생님께서 물으셨다. 선생님의 질문이 썩 마음에 들었다. '안 했니?'라고 물어보면 내가 놀고 있어서 안 한 것 같은 느낌인데, '못 했니?'라고 물으시니 이유가 있어서 못 하고 있다는 걸 아신 것 같다.
"아, 아니에요."
급하게 펜을 잡았다.

「엄마를 닮은 선생님께」
어버이날 편지를 쓰는데 선생님께 쓰고 있는 내 모습이 너무 웃기다. 그런데 편지가 줄줄 써 내려가는 것도 신기하다. 왠지 우리 선생님은 내 이야기를 다 들어주고 비밀도 다 지켜줄 것 같아 속마음을 써 내려간다.

「선생님, 오늘만 이해해 주세요. 엄마에게 편지 쓰기 정말 싫어요.

　선생님이랑 우리 엄마랑 닮았으니까 오늘은 선생님께 편지 쓸래요. 그냥 받아주세요.

　선생님, 처음 만났을 때부터 선생님이 정말 좋았어요. 엄마한테 말 못 할 이야기들도 선생님께는 다 할 수 있을 것 같아요. 저의 학교 엄마가 되어 주세요. 네?」

　학교 엄마?

　내가 써놓고 피식했다.

　그때 똑똑. 누가 노크했다. 선생님은 나가서 이야기하신 후 심각한 얼굴로 들어오셔서 나에게 귓속말을 하셨다.

　"은아야, 7분 있으면 수업 마치거든. 집에 가지 말고 잠깐만 기다려줄래?"

　밖에 있는 남자 둘이 나를 쳐다보고 있었다. 편지를 쓰던 내 손이 갑자기 떨려왔다.

#14 우주가 내려앉았다

아이들이 집에 가는 사이에 선생님께서 날 조용히 부르셨다. 엄마한테 일이 생겼다고 하셨다. 도대체 무슨 일이 생겨야 저런 아저씨들이 학교로 날 보러 찾아오지? 복도에 보니 예쁜 언니도 한 명 있다. 세 명은 무거운 얼굴로 이야기 나누며 모든 아이들이 집에 가길 기다리고 있었다.

아이들이 다 집에 돌아갔다. 나만 빼고.

교실에 5개의 책상이 동그랗게 놓였다.

선생님, 나, 아저씨 두 명, 예쁜 언니 한 명.

분위기가 무거운 게 딱 질색이다. 의지할 곳이 선생님밖에 없다. 아저씨 중 덜 무섭게 생긴 사람이 먼저 이야기를 꺼냈다.

"은아…라고 했지? 맞니?"

"네."

"은아야, 지금부터 잘 들어. 아저씨가 힘든 이야기를 할 거야."

이미 아까부터 내 마음은 힘들다. 아저씨들이 복도에 왔을 때부터 나의 머릿속은 오만 가지 상상으로 가득 찼다. 제발 내가 생각했던 것 중에 정답이 없기를.

"아저씨는 경찰인데,"

응? 경찰? 경찰이 왜 나한테?

"오늘 새벽에 신고가 들어왔어. 누가 신변 비관을 시도했대. 신변 비관이 뭔지 알아?"

그렇게 어려운 말로 하면 내가 알 리가 있나. 말없이 고개를 저었다. 제발 쉽게 이야기해 줬으면 좋겠다. 이미 내 머리는 터질 것 같다.

"쉽게 말하면, 자살 시도야. 새벽에 은아 어머니께서 자살 시도를 했다고 신고가 들어와서 아저씨들이 출동했었어."

우주가 통째로 내려앉은 느낌이다. 나의 유일한 우주였던 우리 엄마가.

엄마가 왜? 도대체 왜? 그럼 지금 우리 엄마는 괜찮으신 건가?

"다행히 엄마는 무사하셔. 그동안 많이 힘드셨었나 봐."

"조금 어려운 이야기를 할게. 이렇게 신변을 비관한 사람

51

을 구조하게 되면, 지금 정신건강복지법 때문에 3일 동안 입원해서 응급으로 정신과 치료를 받게 되어 있어."

"그래서 이 언니가 은아 도와주려고 왔어. 언니는 여기 행정복지센터에서 일하는 언니야. 은아야, 혹시 주변에 은아가 3일 동안 같이 지낼만한 가족이 있을까? 친척이라도."

너무 많은 이야기들이 쏟아져나와서 내 머리는 생각하는 법을 잊어버렸다. 이미 머리가 터질 것처럼 아팠다. 수많은 이야기들 사이에서 아빠가 빼꼼하고 머리를 내밀었다. 하지만 내가 밀어냈다. 아빠 여자 친구가 있는 그 집에는 죽어도 가기 싫다. 그건 우리 엄마에 대한 예의가 아니다. 친척? 내가 찾아갈 만한 친척은 없다. 나에게 온 우주는 엄마와 나뿐이었다.

말없이 고개를 저었다. 언니가 수첩에 끄적거린다.

"그럼 언니가 일하는 곳 근처에 센터가 하나 있어. 거기 있으면 은아 밥 먹는 거, 옷 입는 거 이런 거 챙겨주실 수 있어. 거기 같이 갈래?"

"저, 혼자 있을 수 있어요."

거의 반사적으로 이야기가 나왔다. 언니와 경찰 아저씨들이 예상했던 답인 듯 고개를 끄덕였다.

#15 그날 밤, 우리 엄마

　교실에서 이야기가 끝나고, 경찰 아저씨들과 행정복지센터 언니는 기어코 우리 집에 같이 왔다. 내가 3일 동안 혼자 지낼 수 있는지 없는지 알아본다고 말이다. 집에 혼자 있는 건 내 전문인데, 어른들은 의심이 많다. 나는 능숙하게 밥도 하고, 설거지도 하고, 빨래도 할 수 있다는 걸 보여줬다. 아무리 생각해도 내가 저 아저씨들보다 훨씬 잘할 것 같은데, 이렇게 보여줘도 끝까지 걱정하는 걸 보면 어른들은 역시나 걱정도 많다.

　아저씨들과 언니가 가고 집에 혼자 남았다. 멍했다. 아까 들은 이야기들을 다시 떠올려보았다.
　엄마가 자살 시도를 했다고? 엄마가 나를 놔두고 혼자 세상을 떠나려고? 안 그래도 내려앉았던 나의 우주가 폭삭 주저앉았다. 눈물도 나지 않았다.

뭐가 그렇게 엄마를 힘들게 했을까?

전화가 왔다. 선생님이다. 이럴 때는 안 받으면 걱정하실 테니 받고 싶지 않았지만 받아야 한다. 어른들은 의심도 많고 걱정도 많으니까.

"은아야, 집이야? 저녁 같이 먹을래?"

나의 '외식하자.'가 '할 말이 많아요.'를 의미하고 있는 것처럼, 어른들의 '밥 같이 먹을까?'도 '같이 이야기하자.'를 의미하고 있다는 걸 난 알고 있다. 선생님도 많이 걱정되시겠지. 머릿속에 선생님을 떠올렸는데 엄마가 나타났다. 나의 머릿속은 지금 돌고 돌아도 우리 엄마다.

선생님은 거의 바로 우리 집에 도착했다. 선생님을 보자마자 눈물이 쏟아졌다. 난 아이처럼 엉엉 울었고, 선생님은 나를 말없이 안아주셨다. 서진이를 안아줬던 나의 모습처럼. 내가 소박하게 바랐던 우리 엄마의 모습처럼.
한참을 울고 나니 선생님이 무슨 말을 할지가 두려웠다. 선생님이 말할 타이밍이 된 것 같아 마음이 조마조마했다.
"치킨 좋아해? 어떤 거 먹을래?"
다행이다. 생각보다 내가 말하기 편한 주제였다.

"별로 생각 없어요."

지금 이 기분에 치킨이 입에 들어갈 리가 없다. 그래도 선생님은 뭔가를 주문했다. 속이 든든해야 마음도 든든해진다고 하셨다.

같이 치킨을 먹으며 선생님은 많은 이야기를 해주셨다. 어제 엄마에게 있었던 일이다.

엄마가 술을 많이 드셨다고 한다. 난 엄마가 술 먹고 들어오는 건 봤어도, 내 앞에서 술을 마시는 모습은 단 한 번도 보지 못했다. 엄마는 나와 함께 있을 시간도 별로 없는데, 집에서까지 술을 먹는 건 나에 대한 예의가 아니라고 말했던 게 떠올랐다. 그런 엄마가 술을 많이 드셨단다. 어른들은 속상한 일이 있으면 술을 많이 마신다던데.

새벽에 동네에서 난동을 부렸다고 한다. 그 소리에 다른 동네 사람들이 경찰에 신고했고, 그 이후는 경찰에서 이야기했던 그대로이다. 전혀 머릿속에 그려지지 않는, 남의 이야기 같은 일이 바로 우리 엄마 이야기이다.

#16 예전에도, 그리고 지금도

　엄마는 회사에서도 아주 힘드셨던 모양이다. 나를 위해 악착같이 버티고 버티던 회사에 며칠 전 사직서를 냈다고 했다. 요 며칠 엄마가 좀 빨리 들어오셨던 게 생각났다. 회사를 그만뒀을 거라고는 생각도 못 했다. 여러 군데 이력서도 넣고 시간이 나면 알바도 했다고 한다. 나를 위해서. 나에게 부끄럽지 않은 엄마가 되기 위해서.

　안 그래도 앞길이 막막했을 엄마가, 나의 이야기를 듣고 터진 모양이다. 내가 엄마 때문에 1년 동안 힘들었을 것을 생각하니 다 엄마 때문이라고 느껴졌다고 한다. 당장이라도 엄마를 안아주고 그런 거 아니라고 말하고 싶은데, 옆에 엄마가 없다.

　다행히 엄마는 삶에 대한 의지가 굉장히 강한 사람이라, 병원 입원 치료도 굉장히 열심히 받을 거라고 했다고 하셨다. 그리고 아까 봤던 행정복지센터 언니가 우리 가족을 도와줄 수 있는 여러 방법도 찾고, 일자리도 소개해 준다고 했다. 엄마만 제자리로 돌아오면 아무 문제 없을 것이다.

선생님과 앉아서 이런저런 이야기를 하면서 치킨을 먹는데, 꼭 엄마와 함께 있는 것 같은 느낌이 들었다. 선생님은 내가 외롭지 않게 꽤 오랫동안 같이 있어 주셨다. 선생님은 한 번 더 나에게 설거지하는 법, 밥 먹고 뒤처리하는 법을 가르쳐주셨다. 엄마는 매번 순살치킨을 사주셔서 뒤처리가 쉬웠는데, 선생님은 일부러 뼈 있는 치킨을 샀다고 한다. 어떻게 치우는지 알려주고 싶으셨다고. 우리 엄마만큼 선생님도 대단한 사람인 것 같다.

선생님이 가시고 나니 다시 집에 혼자 남았다. 조용한 집은 평소와 소름 돋을 정도로 똑같았다. 앞으로 3일은 나 혼자 집에 남는다. 내일 나는 아무 일 없는 것처럼 학교에 갈 것이고, 그리고 아무 일도 없을 것이다.

윙~
조용한 집에 진동 소리가 울려 퍼졌다. 선생님이다.
「은아야, 집 앞에 먹을 거 좀 사뒀어. 밥 잘 챙겨 먹어. 내일 학교에서 보자. ^^」

나간 지 얼마 안 되신 것 같은데 그새 들러서 우리 집 앞에 뭘 놓고 가셨다. 쿠팡보다 빠르다. 밖을 나가보니 큰 종이가방 안에 컵라면과 즉석밥, 비엔나소시지, 빵이 들어있었다. 서둘러 베란다로 나가서 선생님의 뒷모습을 볼 수 있으려나 뛰어갔다. 선생님은 또각또각 소리를 내며 차를 타고 있으셨다.

　선생님의 모습에서 엄마가, 그리고 어릴 적의 내가 겹쳐 보였다. 엄마는 바쁜 아침, 아침밥을 차려주고 먼저 나간 적이 많았다. 그러면 나는 베란다로 엄마가 출근하는 모습을 한참 동안 본 이후에 밥을 먹었다. 밥은 다 식었지만 나에겐 훨씬 더 맛있었다. 나에겐 밥보다 엄마가 더 소중했다. 지금도 그렇다.

#17 똑같은 하루, 조금 다른 하루

평소와 똑같이 눈을 떴다. 어김없이 똑같은 하루가 시작되었다. 야속한 시계. 이놈의 시계는 예외가 없다.

학교에 가는 게 조금 두려웠다. 선생님도 나한테 괜찮냐고 물어볼 것 같고, 애들도 어제 그 사람들이 누구인지 물어볼 것 같았다. 서진이는 이미 카톡으로 물어봤지만 내가 별거 아니라고 그냥 둘러댔다. 나의 둘러대는 말에 넘어간 걸 보면 서진이는 대충 내가 말하기 싫다는 걸 눈치챈 모양이다.

최대한 평소와 똑같은 모습으로.

서진이는 이미 어제 일을 잊은 모양이다. 얘는 오늘 진짜 기분이 좋다.

"너 무슨 좋은 일 있어?"

이런 걸 물어볼 상황은 아니지만, 서진이의 지금 모습을 보면 안 물어보면 이상할 정도라서 한번 물어봤다. 조증? 거의 그 수준으로 기분이 아주 좋아 보였다.

"너한테만 말할게. 우리 엄마, 아빠 화해하셨어."

서진이에게 더할 나위 없이 좋은 일이 생겼다. 이제 서진이 엄마, 아빠는 이혼하지 않으실 것 같다. 그럼 서진이도 이사갈 필요도 없고 슬플 일이 없다. 세상의 모든 슬픔이 나에게 이사 왔나 보다.

"잘됐네. 축하해!"

나는 어른스럽게 서진이에게 축하를 건넸다. 나 많이 컸다.

어김없이 똑같은 하루가 지나갔다.

그렇게 또 하루가 지나갔다.

오늘은 엄마가 돌아오는 날이다. 5월이지만 오늘은 좀 쌀쌀하다. 내 마음처럼.

학교 마치고 오면 엄마가 집에 돌아오시겠지. 엄마한테 이것저것 물어볼 게 너무 많다. 회사는 어떻게 된 건지, 도대체 왜 그랬는지, 엄마도 많이 힘들었는지 입에서 따발총이 나와도 이상하지 않을 것 같은 날이다.

머릿속이 또 엄마로 가득 찼다.

다짐했다. 엄마가 오면 그냥 말없이 꼭 안아드리기로. 내가 원했던 그날의 모습처럼.

엄마를 기다리며 분홍색 니트를 꺼내입는다. 아직 5월이지만 오늘은 좀 쌀쌀하다.

선생님의 시선

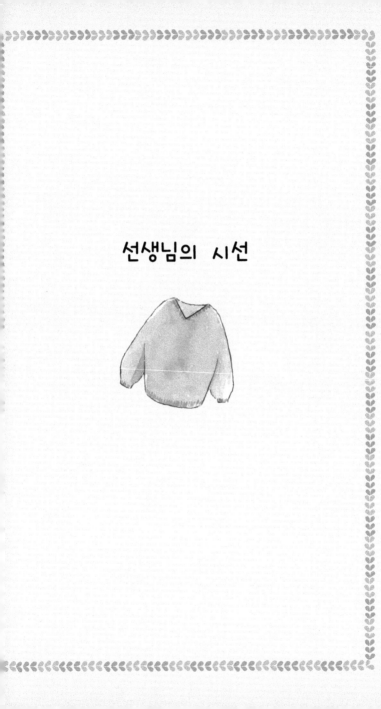

#1 이야기 속 주인공

하늘이 맑다. 오늘은 새 학기가 시작되는 첫날이다.

지난주부터 출근했지만, 오늘은 특별히 마음이 몽글몽글해진다. 어떤 아이들을 만날지 기대가 된다. 이미 이름으로 만났던 아이들이 어떤 얼굴일지, 어떤 사연들을 가지고 있을지, 나랑은 잘 맞을지 기대 반 설렘 반이다.

항상 반에서 가장 말썽꾸러기 아이를 많이 신경 썼었는데, 올해 나의 목표는 우리 반에서 가장 조용한 아이들을 챙기는 것이다. 그 아이의 마음을 읽고, 아이의 이야기에 귀를 기울이는 것이다. 교직 생활을 수년 동안 이어왔지만 사실 꽹장히 어려운 일이다.

이른 시간에 학교에 왔지만 이미 아이들이 몇몇 등교를 한 것 같다. 4층까지 걸어 올라가는 동안 아이들의 소리가 이미 들려오고 있는 걸 보면 말이다.

6학년 2반.

이곳이 내가 1년 동안 아이들과 많은 이야기를 만들어낼 새로운 곳이다.

"어머, 일찍 왔네. 이름이 뭐니?"

우리 반에는 딱 한 명 앉아 있다. 보통 새 학기 첫날에는 교실에 붙은 명단을 보고 있거나, 다른 반의 친한 애한테 가서 우리 반에 누구 있다, 너희 반에는 누가 있냐 이런 거를 이야기하고 다니는 것이 보통인데, 이 아이는 자기 자리에 앉아 있다.

"이은아요."

아이가 조금은 놀란 눈치이다. 기대했던 선생님의 모습이 아닌가?

"은아야, 반가워."

싱긋 웃었다. 아이도 조심스럽게 입꼬리를 올렸다.

아이들이 한 명씩 들어왔다. 아이의 얼굴과 이름을 조금이라도 빨리 외우기 위해 이름과 아이들의 얼굴을 번갈아 보고 있었다.

"안녕?"

한 아이가 은아에게 먼저 인사했다. 그런데 은아의 반응이 이상하다. 친구가 반갑게 인사했는데 은아는 조금 놀란 눈치이다. 저 둘 사이에는 뭔가 사연이 있나 보다.

"어? 아, 안녕?"

둘의 이야기가 궁금해진다.

교실에는 많은 이야기가 존재한다. 한 명 한 명 저마다 자신들의 이야기 속 주인공이다. 어떤 이야기는 에피소드들이 나열된 옴니버스식의 이야기 구성이라면, 어떤 이야기는 기승전결이 완벽한 이야기도 있다. 또 발단에서 바로 절정으로 치닫는 막장의 이야기도 존재한다. 반전에 반전에 반전을 거듭하는 반전 드라마도 있다.

이야기의 공간 또한 가정과 학교가 혼재되어 있다. 선생님은 엑스트라 1이 되기도 하고, 또는 서브 주인공이 되기도 한다.

올해는 우리 교실에서 어떤 이야기들이 펼쳐질지 기대된다. 마지막에 웃으면서 서로 하이파이브하는 성장 드라마의 한 장면으로 끝나길 기대해 본다.

그렇게 난 이야기 속 주인공들과 만났다. 내일은, 그리고 올해는 어떤 이야기들이 펼쳐질까?

#2 비밀 상담

6학년 아이들은 선생님과 둘이 이야기하는 것을 부담스러워한다. 이래저래 지나가는 말은 잘하지만, 속에 있는 이야기를 하는 것은 쉬운 일은 아니다. 선생님이 따로 불러서 상담이라도 하려면 아이들은 '내가 무슨 잘못을 저질렀나?'라는 생각에 눈빛부터 불안해진다. 그래서 내가 아이들과 소통하는 방법은 바로 일기장이다. 생각보다 아이들은 일기장에 솔직하게 자신의 이야기를 적는 편이다. 물론 그렇지 않은 아이들도 있지만.

「비밀 상담」

정성껏 눌러쓴 이 네 글자는 나의 마음을 집중하게 했다. 서진이의 일기 제목이다. 서진이는 감정에 솔직한 아이라 평소에도 나에게 이런저런 이야기를 많이 하는 편이지만, 이렇게 일기에 '비밀'이라는 단어를 쓴 걸 보면 이 안에는 정말 비밀이 숨어있나 보다.

「선생님, 은아와 작년에 있었던 일을 써볼게요. 이건 정말 비밀이에요. 선생님과 저만 아는 비밀로 평생 간직해 주세요.」

서진이는 아예 작정하고 나에게 편지를 썼다. 이래서 일기가 좋다. 그냥 편지를 썼으면 다른 애들이 뭔지 궁금해했을 텐데, 일기장 안에 써놓은 편지는 아이들의 관심을 받지 않고도 나에게 배달이 된다.

「저는 은아가 좋아요. 은아는 저랑 있을 때는 엄청 활발해져요. 잘 웃고 친절해요. 그런 은아한테 제가 잘못한 일이 있어요.

5학년 때 은아가 엄마랑 둘이 사는 걸 알게 되었어요. 선생님도 알고 있으시죠? 선생님들은 다 알고 계시더라고요. 그걸 엄마한테 이야기했는데 엄마가 은아랑 더 놀지 말라고 하셨어요. 그래서 그때부터 은아랑 사이가 멀어졌어요.

사실 전 은아랑 다시 친해지고 싶어요. 제가 어떻게 하면 좋을까요?」

이렇게 솔직한 이야기를 적은 아이들을 보면 선생님으로서 참 고맙다고 느낀다. 그리고 친구와 다시 친해지고 싶은 마음이 참 예쁘다. 아이들의 사이는 찍찍이 같아서, 잘 붙어 있기도 하지만 이내 곧 떨어지기도 한다. 그리고 다시 참 잘 도 붙는다. 하지만 서진이의 경우는 다시 은아와의 사이를 붙여줄 누군가가 필요한가 보다. 하지만 틀렸다. 사이를 다시 좋아지게 만들 수 있는 사람은 서진이와 은아, 둘밖에 없다.

「솔직한 이야기 적어줘서 고마워. 은아랑 다시 친해지고 싶은 마음이 있다면 그걸로 충분해. 은아한테 솔직하게 다가 가 보자. 마음을 전할 기회가 있으면 더 좋고. 우선 가장 쉬 운 일로 은아에게 먼저 인사를 건네보는 건 어떨까?」

선생님으로 할 수 있는 가장 좋은 답변인 것 같다. 그새 일기장을 받은 서진이가 조용히 고개를 끄덕인다. 그리고 출 동 준비!

"은아야, 잘 지냈어?"
"어? 어."
"우리 작년에는 친했었는데, 올해 같은 반 되니까 좋다."
서진이는 참 용감한 아이이다.

#3 선생님께 드리는 나의 이야기

"은아야, 얼굴이 안 좋아 보이는데, 괜찮니?"

오늘 은아의 얼굴이 안 좋아 보인다. 피곤해 보이기도 하고, 뭔가 마음이 안 편해 보이기도 한다. 은아는 괜찮다는 듯이 씩 웃기만 한다. 이상한 촉이 발동했다.

칠판에 아침 활동으로 할 것들을 적어놓았다. 오늘의 아침 활동은 어휘력 향상 퀴즈와 어제 나눠줬던 개인정보 동의서를 내는 것이다. 6학년이나 되니 안내장을 회수하기도 쉽지 않다. 공사가 바쁜 우리 6학년 언니, 오빠들은 안내장을 부모님께 보여드리지 않는 경우도 많다. 어떤 아이들은 가방 안에 안내장을 수집하는 아이들도 있다.

은아가 가방 안의 짐들은 전부 다 꺼내며 열심히 찾고 있다. 숙제 한 번 미루는 적이 없는 야무진 은아인데 개인정보 동의서를 깜빡했나 보다. 은아 가방에서 작은 책처럼 보이는 뭉치도 있다. 아이돌 포토 카드 모음집이다. 은아도 아이돌을 좋아했구나. 혼자 싱긋 웃었다.

"엄마, 내일 내도…… 헙!"

은아가 실수도 나에게 엄마라고 불렀다. 은아의 얼굴이 빨갛게 순식간에 변했다. 서진이가 키득거렸다. 나는 그냥 싱긋 웃으며 고개를 끄덕였다.

"내일 내도 괜찮아. 갑자기 딸이 생기니까 기분 좋은데?"

다가올 학부모 상담주간 준비 겸, 우리 반 아이들 파악 겸해서 학생 상담을 진행 중이다. 먼저 모든 아이를 대상으로 하는 종이 상담, '선생님께 드리는 나의 이야기'라는 제목으로 몇 가지 질문을 준비했다. 아이들은 조용히 숨도 쉬지 않고 또박또박 적어 내려간다. 속마음을 이야기하는 아이들은 적을 시간이 더 필요하다. 그래서 난 다 쓴 아이들은 옆에 그림을 그리거나 아니면 애국가를 쓰게 한다. 그러면 모든 아이가 뭔가를 쓰고 있어서, 나의 솔직한 이야기를 쓰는 것에 조금은 도움이 된다.

「작년의 학교생활이나 친구 관계에 대해 간략하게 써보세요.」

「서진: 지난번에 일기에 썼던 것처럼, 은아랑 친하게 지내

72

다가 엄마가 은아랑 놀지 말라고 해서 사이가 멀어졌었어요.
하지만 이제 잘 지내요.」

「은아: 작년 선생님의 실수.」

서진이의 이야기와 은아의 이야기가 연결되지 않는다. 친
하게 지내던 아이들이 멀어질 정도의 사건이라면 둘 다 임팩
트가 커서 같은 걸 적었을 거라 예상했는데, 은아의 대답은
아주 다른 이야기이다. 체크. 확인이 필요하다.

「자신이 존경하거나 좋아하는 인물을 적고 이유를 꼭 적
어주세요.」

「은아: 선생님. 내 이야기를 잘 들어주시는 것 같다. 친절
하다.」

수많은 아이돌들과 부모님을 제치고 은아는 나를 적어주
었다. 매년 한두 명의 아이들은 이렇게 선생님을 적어주는
것 같다.

「집에 있을 때 주로 하는 일은 무엇인가요?」

「은아: 아이돌 영상 보기, 집안일」

집안일? 보통의 6학년 아이들은 집에 혼자 있을 때 집안일
을 한다고 말하지는 않는다. 엄마가 정말 매우 바쁘신가 보
다. 그리고 꽤 오랫동안 바쁘셨나 보다. 13살 작은 손으로
아무도 없는 집에서 엄마, 아빠의 빈자리를 혼자 채우는 것

에 익숙해진 아이. 내일은 은아와 상담을 해보아야겠다. 아침에 봤던 은아의 표정이 생생히 떠올랐다.

#4 슬픔을 견디는 힘

오늘은 은아를 불러서 상담해야겠다고 생각하고 출근했는데, 정작 오늘 이야기 나눈 아이는 은아가 아닌 서진이었다. 서진이가 한 번 더 일기로 나에게 상담을 요청했다.

「비밀 상담 2」
「선생님, 선생님만 아세요. 어제 엄마랑 아빠가 크게 싸우셨어요. 아빠는 엄청 화를 내며 집을 나가셨어요. 아예 짐을 다 싸서요. 저는 이제 어쩌면 좋죠…. 오늘 마치고 선생님이랑 이야기하고 싶어요.」

서진이의 일기장을 보는 순간 머릿속이 하얘졌다. 그러고 보니 오늘 서진이는 단 한 순간도 웃지 않았다. 잘 웃는 아이의 얼굴에서 웃음이 사라졌다. 이건 큰일이다.

「오늘 마치고 선생님이 심부름시키는 것처럼 할 테니 남아서 같이 이야기해 보자. 힘내.」

사실 이렇게 적었지만 나도 무슨 말을 해야 할지 잘 모르겠다. 대학원에서 상담 교육을 전공했지만, 여전히 내가 할 수 있는 일은 아이의 이야기를 들어주는 것이다. 서진이가 원하는 것도 어쩌면 그것뿐일 테다.

"서진이는 남아서 요거 좀 도와줄래?"
"선생님, 저도 도와드릴래요."
예상치 못한 복병 은아가 나타났다. 정말 남아서 심부름하는 줄 알았나 보다. 은아에게 싱긋 웃으며
"은아는 다음에 선생님 도와줄래? 오늘은 서진이 한 명만 도와주면 돼서. 은아는 내일 선생님 도와줄까?"
자연스럽게 은아의 상담도 잡았다.

모두가 가고 난 빈 교실. 서진이 옆자리에 앉았다. 교실 안 공기가 차갑고 무겁다.
"서진아, 이제 이야기해도 돼."
최대한 밝고 따뜻하게 이야기했다. 이 공기를 조금이라도 바꿔보고 싶다.
말없이 아이의 어깨가 떨린다. 그리고 이내 고개를 떨군

다. 책상 위로 두 개의 눈물방울이 떨어진다. 아니, 슬픔이 떨어졌다.

아이의 흔들리는 어깨를 꼭 안아주었다. 아주 어린 아기들이 울 때 속싸개에 싸여 몸이 눌리면 편안함을 느끼듯이, 나의 두 팔은 서진이를 꼭 눌렀다. 서진이도 이내 울음이 잦아들었다.

"이제 좀 괜찮아요."

"아니야, 괜찮을 리가 없지. 선생님한테는 다 이야기해도 되니까 하고 싶은 이야기 있으면 마음껏 해."

"엄마랑 아빠가 이혼하신대요."

아이의 슬픔이 다시 차오른다. 그래도 서진이는 본인이 이야기하고 싶어서 남았던 터라 이런저런 이야기를 많이 들려주었다. 엄마, 아빠가 이혼하실 테니 누구랑 같이 살 건지 물으셨다고 한다. 서진이는 엄마랑 살고 싶은데, 엄마는 여태한 번도 일해본 적도 없으시다고 한다. 엄마랑 아빠가 싸우고 헤어지는 마당에, 엄마가 돈을 벌어올 수 있을까를 생각하는 자기가 너무 밉다고 이야기했다. 그리고 오늘 집에 가는 것이 너무 두렵다고 했다. 서진이의 집안 공기는 지금 여기보다 훨씬 더 차갑고 무거울 것이다.

슬픔을 이겨내는 방법은 저마다 다르다. 나를 슬프게 만드는 요인이 사라지면 그게 가장 좋은 방법이지만, 사실 외부 환경을 바꿀 힘은 우리에게 그다지 있지 않다. 주어진 환경 안에서 슬픔을 이겨내는 법, 건강하게 슬픔을 견디는 법이 우리에게 필요하다.

지금 서진이에게도 그렇다.

"선생님, 이야기를 들어주셔서 감사합니다. 속이 좀 후련해졌어요."

사실 난 오늘 거의 이야기를 하지 않았다. 서진이 혼자 슬픔을 견디는 힘이 생겼나 보다.

#5 어버이날

오늘은 어버이날이다.

아이들은 5월 5일 어린이날은 마치 자신이 생일인 양 열광한다. 평소에는 자기는 다 컸다고 생각하는 6학년 아이들도 어린이날은 내 생의 마지막 어린이날이므로 매우 성대하고 신성하게 여기고, 본인이 원하는 선물, 값비싼 선물을 쟁취하는 아이들이 있다. 그러나 바로 3일 뒤인 어버이날은 다르다. 물론 마음을 담아 부모님께 감사의 마음은 전하는 아이들도 많지만, 선생님이 준비한 카네이션 만들기 키트(?)에 '키워주시고 낳아주셔서 감사합니다. 이제부터는 말 잘 듣는 착한 아들/딸이 되겠습니다.'가 전부인 편지 한 통으로 이날을 채우려고 하는 경우도 많다.

그래도 어버이날 편지는 교사로서 포기할 수 없다.

"오늘이 무슨 날이지요?"

"어버이날이요."

"오늘은 우리를 13년 동안 예쁘고 멋지게 키워주신 부모님들께 감사 편지를 쓸 겁니다. 사랑으로 여러분을 이렇게 ……."

아이들 눈을 하나하나 맞춰가며 설명하며, 오늘 아이들이 얼마나 성심성의껏 부모님께 편지를 쓸지 예상해 본다. 서진이의 눈이 벌써 빨개진다. 서진이는 아마도 엄마에게 쓰겠지? 서진이의 부모님은 어떻게 되셨을지, 아픈 서진이의 마음을 괜히 건드린 거 같아서 미안하다.

오늘도 예상치 못한 아이는 은아였다. 평소의 은아라면 나의 이야기를 집중해서 듣고 바로 또박또박 편지를 쓸 텐데, 설명을 듣는 은아의 눈빛은 공허하면서 냉정하다. 그리고 나의 예감 또한 맞았다. 은아는 편지를 써 내려가지 못했다.

은아가 편모가정[1]인 것이 생각났다. 아버지 생각 때문인가? 은아에게서 가족 이야기는 들은 적이 없다.

"은아야, 왜 아직 시작을 못 했니?"

안 하는 것과 못 하는 것은 엄연히 다르다. 은아는 아직 편지를 못 쓰고 있는 이유가 분명히 있을 것이다.

---

1) 아버지가 돌아가시거나 부모님이 이혼하여 어머니 홀로 자녀를 데리고 사는 가정

"아, 아니에요."

은아는 급하게 연필을 잡았다.

굳어있던 은아의 표정과 팔이, 마술에서 풀리기라도 한 듯
이 신나게 움직였다. 보통 아이들이 부모님께 쓴 편지는 읽
지 않지만, 너무너무 궁금한 마음에 다시 은아 자리로 가서
슬쩍 살펴보았다.

「엄마를 닮은 선생님께」

앗, 이 편지의 수신인은 나이다. 은아가 결국 엄마와 아빠
에게 편지 쓰는 건 포기하고 나로 선회했다. 이 또한 많은
사연이 담겨 있겠지. 이 편지가 나한테 오면 이걸 들고 은아
와 상담해야겠다.

그나저나 은아가 참 귀엽다고 느끼며 피식 웃었다.

노크 소리가 들리기 전까지.

#6 카운트다운

학교에는 많은 사람이 오고 간다. 하지만 대부분은 미리 누가 온다, 왜 온다 등의 이야기를 전화나 서면 등으로 하고 오는 경우가 대부분이다. 하지만 지금 수업 시간에 노크한 저 두 명의 건장한 중년 남성 둘은 전혀 그런 이야기가 없었다. 심지어 저 둘의 표정은 심각 그 자체이다. 무슨 일이 벌어진 것이 틀림없다.

"어떻게 오셨나요?"

조용히 복도로 나가 문을 닫고 공손하게 여쭈었다. 명함 한 개가 쓱 다가왔다.

경…찰…? 경찰이 이 시간에, 그것도 우리 반에 왜?

"혹시 이은아라는 학생이 이 반인가요?"

은아! 은아에게 무슨 일이 생긴 것이 틀림없다. 은아는 지금 교실에서 아무것도 모른 채 신나서 나에게 어버이날 편지를 쓰고 있다.

"네, 맞아요. 무슨 일로 오셨나요?"

최대한 침착하게. 무슨 큰일이 생기더라도 내가 호들갑을 떨면 안 된다. 학교에서는 내가 우리 아이들의 보호자, 엄마니까.

"오늘 새벽에 이은아 학생 어머니께서 신변 비관으로 자살을 시도하셨습니다. 다행히 어머니는 무사하십니다. 다만 현행 정신건강복지법상 신변 비관자는 3일 동안 입원하여 정신과 치료를 받게 되어 있어 현재 어머니께서 병원에 가 계신 상태입니다. 그동안 은아가 혼자 있게 되어 이야기를 전하러 왔습니다. 행정복지센터의 아동 복지 담당자도 지금 오는 중입니다."

살면서 처음 들어본 이야기를, 그것도 아이가 감당하지 못할 정도의 큰 이야기가 쏟아졌다. 표정이 굳어진 채 전혀 펴지지 않았다. 교실 안에서는 이미 편지를 다 쓴 아이들이 소란해지기 시작했다.

"저희도 은아에게 몇 가지 물어볼 것이 있어서 왔습니다. 혹시 은아를 불러주실 수 있을까요?"

시계를 보았다. 수업을 마치기까지 10분이 채 안 남은 시간이었다.

"30분에 마치는 종이 쳐요. 잠시만 기다려주시겠어요? 저

83

기 연구실에 앉아계시면 제가 수업 마치고 은아를 부르겠습니다."

"네, 기다리겠습니다."

너무 바쁜 분들인 것은 잘 알고 있지만, 이게 내가 생각하는 최선이다. 아이들에게도, 은아에게도 말이다.

최대한 편한 표정으로 교실로 들어가고 싶었지만 한번 굳어진 얼굴은 쉽게 펴지지 않는다. 은아가 곧 듣게 될 수많은 이야기와, 은아가 앞으로 엄마 없이 3일 동안 지낼 생각을 하니 아무것도 할 수 없는 나 자신이 너무 원망스러웠다.

"은아야, 7분 있으면 수업 마치거든. 집에 가지 말고 잠깐만 기다려줄래?"

은아는 눈치가 매우 빠른 아이라 방금 두 분의 어른과 대화하고 난 후 자기보고 기다리라고 한 이 상황을 정확하게 매치시켰을 것이다. 다른 아이들은 다행히도 크게 관심이 없는 눈치이다. 서진이도 복도를 다시 기웃거렸지만 방금 그 두 어른이 사라지니 크게 신경을 쓰지 않는 눈치이다.

하지만 은아의 손이 벌벌 떨려왔다. 나의 손도 벌벌 떨려왔다.

#7 작은, 하지만 무거운 서클

머릿속이 생각으로 가득 찼다. 어떻게 하면 은아가 받는 충격을 줄일 수 있을지 머리를 계속 굴렸다. 내가 먼저 이야기하는 게 나을까? 하지만 난 더 아는 정보도 없다. 저분들이 말씀하시는 게 나으려나? 은아가 너무 충격받을 것 같은데? 여러 생각을 하는 사이, 시간은 날 기다려주지 않았다.

아이들은 아무렇지 않게 집으로 갔다. 은아는 자기 자리에 돌처럼 굳어 있었다.

큰 교실에 은아와 나 둘만 남았다.

"은아야, 방금 오셨던 분들은 경찰이셔. 저분들이 은아에게 하실 말씀도 있고 몇 가지 물어보실 것도 있으시대. 선생님이 옆에서 손잡아 줄게. 무서워하지 말고 솔직하게 말씀드리면 돼."

"경찰이 왜 저를 보러 오셨어요?"

은아의 목소리가 떨려왔다.

"엄마한테 무슨 일이 생기셨대. 선생님도 아는 내용이 별로 없어. 직접 들어보자. 선생님이 모시고 올게."

연구실로 가는 발걸음이 천근만근이다. 아마 은아의 마음은 더 천근만근일 것이다.

은아의 자리를 포함해서 교실에 작은 서클이 만들어졌다. 경찰 두 분, 행정복지센터에서 오신 여성분 한 분, 나, 그리고 은아. 은아에게는 연구실보다는 교실이 그래도 조금은 편하지 않을까 싶었다. 이제 앞으로 쏟아질 폭풍 같은 이야기들을 은아가 잘 견뎌내기만을 속으로 바랄 뿐이다.

"은아…라고 했지? 맞니?"

"네."

"은아야, 지금부터 잘 들어. 아저씨가 힘든 이야기를 할 거야."

은아가 손을 쉴 새 없이 꼼지락거렸다. 많이 불안하겠지. 은아의 손을 잡아 주는 것 말고는 아무것도 할 수 있는 게 없다. 손을 잡으니 은아가 나를 올려다봤다.

'선생님, 제발 저 좀 도와주세요.'

그 눈빛이 너무 간절해 보였다. 눈빛으로 은아에게 힘을 주었다. 그게 내가 할 수 있는 최선이자 유일한 방법이다.

"아저씨는 경찰인데, 오늘 새벽에 신고가 들어왔어. 누가 신변 비관을 시도했대. 신변 비관이 뭔지 알아?"

은아가 내 손을 꼭 쥐었다. 은아의 떨림이 느껴졌다. 당장이라도 은아를 안아주고 싶었지만 그럼 은아가 무너져 내릴 것 같아서 또 아무것도 할 수가 없었다.

"쉽게 말하면, 자살 시도야. 새벽에 은아 어머니께서 자살 시도를 했다고 신고가 들어와서 아저씨들이 출동했었어."

은아가 고개를 들었다. 그게 사실이냐고 물어보고 싶었겠지만, 은아는 너무 놀라 아무 말도 하지 못했다.

"다행히 엄마는 무사하셔. 그동안 많이 힘드셨었나 봐."

은아의 눈에 눈물이 고였다.

은아의 어버이날 편지와 지금의 모습이 겹쳤다, 은아와 은아의 어머니는 분명히 무슨 일이 있었다. 은아는 엄마에게 편지를 쓰기도 힘들었고, 은아의 어머니는 예쁜 딸을 두고 세상을 떠나려고 하셨다. 난 은아의 이야기가 너무 듣고 싶었지만, 지금 함께 앉아 있는 어른 세 명은 거기에는 관심이 하나도 없다. 이건 은아가 마음의 준비가 되었을 때 함께 이야기해 보려고 한다. 지금은 은아에게 주어진 모든 상황이, 13살 어린아이가 감당하기에는 너무 크고 무겁다.

#8 닫혀 있던 문

"조금 어려운 이야기를 할게. 이렇게 신변을 비관한 사람을 구조하게 되면, 지금 정신건강복지법 때문에 3일 동안 입원해서 응급으로 정신과 치료를 받게 되어 있어."

처음으로 듣는 이야기였다. 우리나라 자살률이 세계 1위라는 것은 알고 있고, 이를 위해 학교에서도 매년 생명 존중 교육과 더불어 자살 예방 교육을 하고 있지만, 그 외에 자살률을 낮추기 위한 복지 등은 전혀 알지 못했다. 3일 동안의 입원 치료로 건강한 마음을 되찾을 수 있다면 너무나도 좋은 제도이지만, 가족이 자살 시도를 했다는 사실을 알았는데도 3일 동안이나 가족을 볼 수 없다는 사실은 가족들에게는 조금 잔인한 제도인 듯하다. 거기다 은아는 아직 자기 마음도 잘 이해할 수 없는 사춘기 13살 소녀이다.

"그래서 이 언니가 은아 도와주려고 왔어. 언니는 여기 행정복지센터에서 일하는 언니야. 은아야, 혹시 주변에 은아가 3일 동안 같이 지낼만한 가족이 있을까? 친척이라도."

은아가 말없이 고개를 저었다. 경찰관님들이 질문을 또 쏟아냈다.

"아빠는? 근처에 계시니?"

"다른 친척은?"

은아는 한 번 더 말없이 고개를 저었다. 행정복지센터 주무관님의 손은 수첩에 무언가를 적느라 바쁘다.

"그럼 언니가 일하는 곳 근처에 센터가 하나 있어. 거기 있으면 은아 밥 먹는 거, 옷 입는 거 이런 거 챙겨주실 수 있어. 거기 같이 갈래?"

지역마다 있는 아동복지센터를 말씀하시는 것 같다. 3일이나 되면 밥도 혼자 차려서 먹어야 하고, 설거지, 빨래도 스스로 해야 한다. 어쩌면 센터에 가 있는 게 나을 수도 있겠다고 생각했다. 하지만 은아는 내가 생각할 겨를도 없이 빠르게 대답했다.

"저, 혼자 있을 수 있어요."

경찰들과 행정복지센터 주무관님은 서로 쳐다보며 고개를 끄덕였다. 이 세 분은 은아와 함께 은아 집으로 가신다고 했다. 은아가 정말 3일 동안 혼자 지낼 수 있는지, 집 환경은 어떤지 확인해 보신다고. 경찰관님은 더불어 혹시 이 건이 아동학대와 연결되어 있는지도 확인해 본다고 하셨다. 어른들은 각자 자기 일을 하기 바쁘다.

　모두가 가고 텅 빈 교실.

　나도 이렇게 감당하기 어려운데 은아는 이 많은 일을 어떻게 감당해 낼까.

　학급에 일이 터졌으니 간단히 교감선생님, 교장선생님께 보고를 드렸다. 그리고 은아를 돕고 싶다고 말씀드렸다. 다행히 학교에서 도와주셔서 은아가 간단하게 먹을 것들을 살 수 있게 지원해 주신다고 하셨다.

　타이밍 딱 좋게 전화가 왔다. 경찰관님 중 한 분이시다.

　"선생님도 알고 계셔야 할 것 같아서 전화드립니다."

　아이와 함께 있을 때와는 또 다른 목소리이다. 사무적이고 딱딱하다. 나에게 사건 보고를 하시는 모양이다.

　어젯밤 은아 어머니께서는 술을 많이 드셨다고 한다. 새벽에 어머니는 신변을 비관하며 큰소리를 치셨고, 실제로 옥상에 올라가 닫혀 있는 옥상 문을 두드리며 엉엉 우셨다고 했다. 그 소리에 동네 사람들이 신고했고, 경찰관님이 출동하고 본 모습은 옥상 앞에서 울다 지쳐 잠든 모습이었다고 한다. 옥상 문은 잠겨 있지는 않고 그냥 닫혀 있었다고 한다.

　그리고 은아의 집도 이야기해 주셨다. 경찰분들이 은아의 집에 간 이유는 아동학대 때문이 맞았다. 방임은 아닌지를 확인하러 가셨는데 너무너무 깨끗해서 오히려 놀라셨다고 한다. 은아가 평소에도 혼자 잘 지내고 있으니 선생님은 걱정 조금 더셔도 되겠다는 이야기로 전화는 끝이 났다.

　다행히도 은아의 어머니는 잠겨 있지도 않은 문을 차마 열지 못하셨다. 하늘이 도왔다. 은아의 어머니는 살고자 하는 의지가 강한 분이셔서 정신과 치료도 굉장히 잘 받고 오실 거라고 말씀하셨다. 나도 그러실 거라고 믿었다. 은아에게는 엄마가 전부이고, 어머니도 그걸 잘 아실 테니.

#9 뼈 있는 선택

거의 연달아 행정복지센터 주무관님에게서 전화가 왔다.

은아가 혼자 지내지 못할 것 같으면 센터에서 지내는 걸한 번 더 권유해 보고 싶으셨다고 한다. 하지만 은아는 누구보다 능숙하게 집안일을 해냈단다. 문득 '선생님께 드리는 나의 이야기'가 생각났다.

「집에 있을 때 주로 하는 일은 무엇인가요?」
「은아: 아이돌 영상 보기, 집안일」

은아가 집안일에 능숙한 이유이다. 은아는 바쁜 엄마를 대신해 야무지게 집안일을 해왔던 모양이다. 엄마, 아빠의 빈자리를 스스로 채우며 은아는 자신의 몫의 두 배, 세 배를해냈었다. 아이가 그동안 혼자 감당했을 세상의 무게가 얼마나 무거웠을지.

이미 퇴근 시간이 지났다. 조금 있으면 저녁 시간이다. 엄청난 일들을 겪고 혼자 있을 은아가 걱정되었다. 혹시 나쁜 생각을 하고 있지는 않겠지.

은아에게 전화를 걸었다. 제발 받아주기를.

"은아야, 집이야? 저녁 같이 먹을래?"

은아는 망설이다가 작은 소리로 '네.'라고 대답했다.

은아야, 기다려. 선생님이 갈게.

선생님으로 살아온 세월이 10년이 훌쩍 넘었지만, 아이들의 집에 방문한 것은 이번이 처음이다. 은아의 집으로 향하는 발걸음이 급했다. 빨리 은아를 안아주고 싶었다. 무슨 이야기부터 할까? 은아가 나에게 마음을 열고 이야기를 해줄까? 저녁은 뭐 먹지? 이런저런 생각들이 이어지는 동안 어느새 은아의 집 앞에 도착했다.

띵동.

대답 없이 문이 열렸다. 힘없는 작은 소녀가 문을 열어주었다.

은아의 눈에서 눈물이 쏟아졌다. 채 신발도 벗지 않은 채 은아를 안아주었다. 아까 안아주지 못했던 것까지 꼭.

그렇게 은아는 한참을 울었다.

은아의 작은 어깨의 떨림이 조금씩 사라졌다. 무슨 말부터 시작할지 고민하다가 고민 끝에 나온 말.

"치킨 좋아해? 어떤 거 먹을래?"

당연히 밥 생각은 없겠지만 그래도 엄마의 마음으로 뭐라도 먹여야겠다. 수업 시간에 좋아하는 음식을 말했던 것을 떠올렸다. 은아가 치킨에 손을 들었던 것이 어렴풋이 생각났다.

"별로 생각 없어요."

"아니야, 그래도 먹어야지. 잠깐만 기다려."

가장 맛있는 집에 주문했다. 아주 잠깐 순살치킨을 시킬지 고민했지만, 뼈 있는 치킨으로 주문했다. 은아가 어떻게 정리하는지 보고 싶고, 가르쳐주고 싶었다. 내가 생각해도 참 뼈 있는 선택인 것 같다.

#10 잘 만들어진 그릇

은아는 작년 서진이의 이야기부터 엄마가 집을 나가신 그 날까지 많은 이야기를 쏟아냈다. 이 어린아이가 얼마나 힘들었을까. 그동안 은아가 혼자 견뎌왔을 슬픔의 무게가, 그리고 그 무게를 버티느라 위태로웠던 은아를 생각하니 마음이 아려왔다.

그리고 또 다른 슬픔으로 위태로웠던 엄마의 이야기를 들려주었다. 은아가 너무나도 궁금해했을 요즘의 엄마 이야기이다. 경찰과 행정복지센터 주무관이 어른인 나에게만 들려주었던 너무나도 차가운 세상에 놓인 엄마의 이야기를, 은아에게 조심스럽게 전달했다.

은아의 어머니는 회사에서도 악착같은 분이셨다고 한다. 그런 분께서 여러 가지 이유로 며칠 전 회사를 그만두셨다. 어른들이, 그것도 가정을 부양해야 하는 분이 그런 선택을 하신 데에는 당사자가 아니면 모르는 엄청난 이유가 숨어 있을 것이다. 은아의 어머니는 은아를 위해 다른 직장을 열심히 찾아보셨다고 한다. 하지만 이 세상은 생각보다 호의적이지 않다. 은아 어머니께서는 이 과정에서 많은 좌절을 맛보셨을 것이다.

살얼음 같은 세상 속에서 은아 어머니께서 유일하게 잡고 있었던 끈은 은아였다. 그런 은아에게도 회사를 그만둔 것이나, 홀로 은아를 키우면서 느꼈을 어려움은 전혀 티를 내지 않으셨다. 그러다 그날 은아에게서 서진이 이야기를 들으신 거다. 세상에 하나밖에 없는 소중한 딸이, 자신 때문도 아니고 어른들이 만든 상황 때문에 일 년을 힘들었을 생각을 하니 어머니께서는 감당할 수 없는 죄책감을 느끼셨을 것이다. 그런 거 아니라고, 충분히 은아가 말할 수 있는 상황이지만 서로의 감정만이 가득했던 그날의 식탁에서는 대화 대신 날이 선 공기만 가득했다.

지금 은아의 어머니는 열심히 치료를 받고 계신다고 들었다. 은아에게 지금의 엄마 이야기도 해드렸다. 은아의 어머니는 몸도 마음도 더 건강한 모습으로 돌아오실 것이다. 은아를 위해서.

꽤 오랜 시간이 흘렀다. 훌쩍이기만 하던 은아는 어느새 나와 도란도란 이야기를 잘 나눴다. 더는 공기가 차갑지 않았다. 오늘만큼은 꼭 은아의 엄마가 된 것 같았다. 하지만 나도 어쩔 수 없는 어른이라 걱정이 많다. 나보다 더 강하고 단단한 이 어린아이에게 또다시 설거지하는 법, 빨래하는 법 등을 체크했다. 뼈 있는 치킨을 뒷정리하는 방법까지.

은아의 집을 나서자마자 또 걱정이 앞섰다. 은아 집 앞의 마트에서 이것저것 샀다. 간편하게 먹을 수 있는 것들 위주로 담다 보니 어느새 한가득이다. 이건 어른도 일주일은 먹을 것 같다. 내가 담은 건 음식이 아니다. 주변에 은아를 생각하고 걱정하는 어른들의 관심과 사랑이다. 그리고 지금도 은아 생각만 하고 계실 엄마의 마음이기도 하다.

은아의 집 앞에 큰 종이가방을 두고 집으로 향했다. 집으로 향하는 발걸음이 마냥 가볍지만은 않다. 내일 아무렇지 않은 듯이 학교에 올 은아를 생각하니 또 마음이 아려온다.

탈무드 잠언집의 한 구절이 떠올랐다.

「도공은 이미 망가진 그릇은 손가락으로 두드려 시험해 보지 않는다. 그러나 잘 만들어진 그릇은 이리저리 두드리면서 시험해 본다.」

이 세상의 모든 힘든 사람들은 모두 잘 만들어진 그릇이라서 이리저리 시험에 휩싸인다. 그리고 그걸 당당하게 견뎌내면 그릇으로 당당히 쓰임을 받게 된다.

은아는 지금 누구보다 잘 견뎌내고 있다. 선생님으로서 내가 할 수 있는 일은 지금 가만히 지켜보는 것밖에 없지만 이 또한 은아에게 힘이 될 것이라 믿는다.

#11 분홍색 니트

벌써 3일의 시간이 지났다. 은아는 그동안 큰일을 겪은 사람이라고는 전혀 보이지 않을 정도로 평소와 똑같은 시간을 보냈다. 그리고 오늘, 드디어 은아 엄마가 돌아오시는 날이다.

오늘따라 은아의 분홍색 니트가 예뻐 보인다.

에필로그

"매일 A4 한 장 분량씩 글을 써봐요. 어떤 내용이든 좋아요."

내 마음의 터전인 교과연구회 '교실연고'에서 한 선생님께서 제안을 해주셨다. 수업에 대해 심도 있게 연구하는 교과연구회이면서, 교사로서의 발전과 개인으로서의 성장을 함께 응원해 주는 건전한 교과연구회이다. 이미 한 권의 책을 출간하신 선생님께서는 네이버 카페를 하나 개설하셨고, 거기에 매일 조금씩이나마 글을 쓰기 시작했다.

처음에는 어떤 글을 써야 하나, 교실에서의 이야기를 에세이 형식으로 써볼까 하다가 한 아이가 떠올랐다. 그리고 그 당시의 그 아이에 대한 나의 마음이 스쳐 지나갔다. 그리고 글이 쓰고 싶어졌다. 에세이 형식으로 하면 너무 그 아이에

대한 이야기들이 적나라하게 쓰일 것 같아 선택한 것이 '소설'이다.

매일 한 장씩 글을 쓰는 건 나의 삶에 큰 활력소가 되었다. 글도 술술 써 내려갔다. 아무리 바쁘고 할 일이 많아도 매일 글 쓰는 것을 놓지 않았다. 어느새 나는 은아가 되어 있었고, 은아의 선생님이 되어 있었다.

작년에 '독자와의 대화'라는 프로그램으로 한 청소년 소설 작가님이 학교에 오신 적이 있었다. 작가님께 사인을 받으며 '선생님! 저도 언젠가는 소설을 쓰고 싶어요!'라고 말했다. 작가님은 환하게 웃으며 이렇게 말씀하셨다.

"선생님은 항상 이야기들과 함께하시잖아요. 다음에 선생님의 '작가와의 대화' 시간도 기대할게요."

오늘도 나는 아이들을 만난다. 오늘은 또 어떤 이야기들이 펼쳐질지 기대된다.

분홍색 니트

초판발행	2024년 8월 30일
지은이	김초이
펴낸이	노 현
편 집	이혜미
기획/마케팅	이선경
표지디자인	BEN STORY
제 작	고철민 · 김원표
펴낸곳	㈜ 피와이메이트
	서울특별시 금천구 가산디지털2로 53, 210호
	(가산동, 한라시그마밸리)
	등록 2014. 2. 12. 제2018-000080호
전 화	02)733-6771
f a x	02)736-4818
e-mail	pys@pybook.co.kr
homepage	www.pybook.co.kr
ISBN	979-11-7279-003-5 93370

* 파본은 구입하신 곳에서 교환해 드립니다.
  본서의 무단복제행위를 금합니다.

정 가   12,000원

박영스토리는 박영사와 함께하는 브랜드입니다.